OBSERVATIONS

D'UN HABITANT DU JURA

SUR LA CIRCULAIRE

DE

M. LE MINISTRE DE L'INTÉRIEUR

A MM. LES PRÉFETS,

INSÉRÉE

DANS LES JOURNAUX DU 16 MARS 1840.

PARIS,

PAGNERRE, LIBRAIRE,

RUE DE SEINE, 14 BIS.

1840.

qui cherche à exploiter la faction oligarchique en faveur du pouvoir qu'elle voudrait rendre absolu , pour mieux partager avec lui.

Mais ces petits partis qui s'agitent à Paris autour du pouvoir pour l'exploiter et le compromettre, n'ont aucune racine en France; ils font pitié à l'immense majorité qui ne s'occupe d'eux que pour les mépriser ; et qui , quelquefois, s'indigne de voir qu'ils aient quelque importance aux Tuileries par la très-grande faute de tous nos précédents ministères depuis 1831.

Mais si le ministère du 1er mars veut bien ne pas continuer ce bel œuvre des ministères précédents , il est sûr d'obtenir les plus brillants succès en se ralliant à la pensée si heureusement mise en avant par son président dans son discours du 4 mars , dans lequel M. Thiers a si justement observé que pour avoir une majorité, il fallait proclamer un but. Or , quel but pourrait-on proclamer aujourd'hui , si ce n'est celui que tout régime constitutionnel est chargé de poursuivre ou de mettre en action : *Le bien général et la justice envers tous ?*

C'est faute d'avoir reconnu ce but , ou le principe de toute association politique légitime , et de l'avoir mis en action , que les précédents ministères ont mérité leur chute et les mépris de la nation qui ne leur a jamais accordé le moindre regret , ni la moindre estime.

Mais si le ministère du 1er mars se rattache à ce principe et à ce but, s'il remplit cette mission de mettre en action le principe fondamental de tout gouvernement légitime ou constitutionnel, il est assuré d'obtenir les sympathies de toute la France libérale , qui n'a jamais combattu que pour cela ; et les libéraux sont puissants en France, encore une fois ; car les cœurs y sont généreux.

Veuillez donc bien , M. le Ministre , vous attacher à ce but qui a été , qui est et qui sera toujours celui de toutes

nos révolutions, et l'on oubliera toutes les erreurs pas-
sées et tous les délits des précédents ministères. Vous vi-
vrez et vous brillerez à tous les yeux.

Mais si vous vous attachez à conserver les institutions
de Bonaparte, qui sont aussi antilogiques qu'elles sont an-
tipathiques à tout ce qu'il y a de bon et de généreux dans
le cœur humain, vous mourrez bientôt dans la honte et le
mépris qu'ont recueillis vos prédécesseurs.

Car, dans leur ignorance ou leur malice, ces précédents ministères ne nous ont donné qu'une administration suivant les passions, se soutenant par les plus basses
intrigues, la corruption des places et des élections, au lieu
de nous donner une administration suivant la logique à
laquelle tous les esprits se seraient rattachés, comme ils
vont se rattacher au gouvernement du 1er mars s'il tient
parole, car nous le prenons au mot ; et s'il proclame le
but de tout gouvernement légitime ou constitutionnel,
nous lui ouvrirons les portes du Panthéon.

Si vous me demandez, Messieurs, quels sont les voies
et moyens par lesquels nous pouvons atteindre, sans se-
cousse et sans désordre, ce but de toute association politique légitime, le bien général et la justice envers tous,
vous les trouverez exposés dans six lettres ou mémoires
que j'ai adressés à M. le ministre de l'instruction publique
du précédent ministère, comme dans une pétition que
j'ai adressée dernièrement à la chambre, et sur laquelle
il n'a pas encore été fait de rapport.

Dans ces pièces, je crois avoir démontré, de la manière
la plus péremptoire, tous les vices des institutions de
Bonaparte, qui sont en contradiction manifeste avec le
principe fondamental, non-seulement de tout régime
constitutionnel, mais encore de toute association politique légitime. Je tarderai, du reste, le moins que je pour-
rai à publier ces pièces.

J'y ai démontré qu'il est impossible qu'une nation éclai_
rée, généreuse comme la nation française, reste dans le
fatal bourbier de la division des intérêts dans lequel Bonaparte l'a replongée; qu'elle a voulu, qu'elle veut, et
qu'elle voudra toujours l'unité d'intérêt et l'égalité des
droits qui sont des conséquences nécessaires de notre principe général et absolu ; car tout le monde a un égal intérêt
au bien général et à la justice envers tous. Or, sans égalité des droits, il ne peut y avoir ni bien général, ni
justice envers tous.

Vous n'avez donc pas pu croire, ni dire, M. le ministre, que *vous êtes convaincu que la France est satisfaite
de l'ensemble de ses institutions*, car elle réclame à grands
cris la réforme électorale; et sans cette réforme, elle ne
peut atteindre le but de toute association politique légitime ; l'ordre constitutionnel est *violé* au lieu d'être *affer-
mi*, comme vous le prétendez: il y a peu de probité
politique à dire ces choses-là contre toute évidence.

Vous parlez d'un parti du gouvernement auquel il faut
rallier les esprits ; mais le parti du gouvernement est
toute la France , car elle veut la stabilité et repousse le
désordre. Seulement il faut que le gouvernement soit
du parti de la France , et qu'il veuille le bien général et la
justice envers tous ; car il ne peut y avoir stabilité que
par la justice: la France l'attend de la réforme électorale.

Ce sont les différents ministères qui, depuis 1831, ont
manqué à la France, et non la France qui a manqué à ces
déplorables ministères ; ils ont laissé l'immense majorité
de la nation dans l'oppression où cet insensé Bonaparte
l'avait plongée; ils ont exposé par là les jours du prince;
ils se sont égarés dans le dédale des passions et des intérêts qu'ils ont voulu servir, au lieu de se rallier aux
conséquences du principe qu'ils devaient mettre en action ; ils auraient été ramenés à ces conséquences par la

logique, s'ils avaient reconnu et proclamé le principe
fondamental de tout régime constitutionnel, comme de
toute association politique légitime. Mais au lieu de le
reconnaître et de le proclamer aussi hautement que vous
devez le faire dans votre intérêt, messieurs, et pour vivre
dans le souvenir des nations, ils l'ont tenu dans l'ombre,
et ils nous ont donné un gouvernement suivant les passions, au lieu de nous donner un gouvernement suivant
la logique et la raison. C'est à vous, messieurs, qu'est
réservée la gloire de nous donner ce gouvernement
suivant la logique, auquel tout le monde aspire; et nous
l'obtiendrons de vous, messieurs, si vous voulez bien vous
attacher à la pensée de votre président du conseil, et
proclamer un but, un principe qui ne peut être autre que
le principe fondamental du régime constitutionnel,
comme de toute association politique légitime : le bien
général et la justice envers tous.

Voilà le véritable moyen de faire *succéder aux rivali-
tés stériles des partis, l'émulation du bien public*, et de
rallier les esprits, comme le demande M. le Ministre de
l'intérieur.

Mais il ne faut pas s'arrêter en un aussi beau chemin,
comme M. le président du conseil semble prêt à le faire
par ses explications dans les comités des fonds secrets,
lorsqu'il dit : « La réforme électorale est une question
d'avenir, que le cabinet actuel n'est point appelé à résoudre. » Il n'apporte pas la réforme électorale ; et M. le
Ministre du commerce dit de son côté, « que le projet du
cabinet n'est point de s'occuper de la réforme électorale ;
la question n'est pas mûre, etc. »

Une pareille inconsistance dans le ministère qui veut
proclamer un but pour rallier les esprits, et qui ne pro-
clamerait pas l'une des conséquences les plus directes du
principe fondamental de tout régime constitutionnel, une

pareille inconsistance est une véritable chute, comme votre circulaire, M. le Ministre, est une chute, lorsque vous dites que la France vous paraît satisfaite, etc. Or, tout cela ne peut obtenir au cabinet dont vous faites partie, aucune confiance de la part de la nation qui ne peut voir qu'avec dégoût le nouveau cabinet prendre les errements qui ont déshonoré les précédents en trahissant le prince et la nation.

Mais il est impossible de penser que l'on continuera à gouverner, comme on l'a fait jusqu'ici, contre la justice et la vérité ; car nous sommes lassés d'être opprimés, ou traités comme des ilotes. Loin donc que la réforme électorale soit une question d'avenir, elle est une question d'urgence et toute palpitante d'actualité, sans la solution de laquelle aucun cabinet ne peut obtenir la moindre confiance : et la France restera dans ce rôle presque passif qu'elle a rempli jusqu'ici avec une longanimité tout-à-fait admirable, malgré son profond mécontentement. Si vous voulez que nous en sortions, il faut enfin proclamer un but, se rattacher à une religion politique, et que le gouvernement se rattache à celle de la France en proclamant l'unité d'intérêt, ou que le gouvernement lui impose celle de nos Bonaparte, la division des intérêts, sans quoi nous resterons dans le décousu de ces opinions politiques qui n'osent se produire au grand jour, mais qui travaillent dans l'ombre, et qui sont la grande plaie de la France depuis 1831. Vous ne rallierez jamais personne par de semblables moyens, et vous n'êtes pas libres de repousser la justice et la vérité. Subissez donc de bonne grâce le joug du principe de toute association politique légitime que Bonaparte était parvenu à reléguer dans la région des utopies, mais qui survit à cette défaite comme à toutes celles qu'il pourrait encore éprouver, et qui veut être mis en action. Proclamez ce principe, poursuivez-en les conséquences, et vous rallierez tous les esprits; mais avec votre politique au jour le jour, soyez assurés que vous ne recueillerez que les mépris de l'immense majorité de la nation, quelque absorbée qu'elle paraisse par ses besoins ou ses plaisirs.

La réforme électorale est pour vous une question de vie ou de mort; vous serez grands avec elle, ou petits et méprisés sans elle.

Voilà, M. le Ministre, ce dont il importe à la France que vous soyez bien convaincu; voilà ce que j'ai cru devoir vous dire, parce que je ne suppose pas que quelqu'un de MM. les préfets ait le courage de vous l'écrire; vos réflexions vous en diront autant, et plus peut-être; et si vous êtes enfin bien convaincu que l'immense majorité de la nation dépouillée de ses droits, n'est pas contente de son sort, vous sentirez qu'elle ne peut pas se payer toujours des phrases banales de vos circulaires mensongères où vous prétendez rallier les esprits à des ministères qui suivent la division des intérêts, lorsqu'ils doivent suivre les conséquences de l'unité d'intérêt.

Louvoyer entre la justice et l'injustice, entre la vérité et l'erreur ou le mensonge, ce que veut votre divin juste-milieu, n'est pas digne du ministère d'une grande nation; or, c'est ce qu'on n'a pas cessé de faire depuis 1831, époque depuis laquelle l'immense majorité est restée dépouillée de ses droits, comme sous Bonaparte et la restauration, quoiqu'elle n'ait pas cessé de les réclamer... C'est à cela qu'ont abouti tous les efforts de votre juste-milieu; voilà ce que vos habiles conservateurs, qui ne savent ce qu'ils veulent ni ce qu'ils doivent conserver, s'efforcent de maintenir. Car ce n'est pas du prince ni de la monarchie qu'il s'agit, qui est-ce qui les attaque? Ce sont donc les institutions de Bonaparte, la division des intérêts et l'inégalité des droits, ou l'oligarchie patricienne et financière qu'ils veulent conserver ; qu'ils s'expliquent, ils trouveront à qui parler, et nous verrons s'ils osent insister contre le but que vous aurez proclamé. Ils se roidissent contre le côté gauche, mais voyez si la gauche demande autre chose que ce que nous demandons ici...

Une loi d'exclusion de l'immense majorité est une loi imposée, qu'aucun honnête homme ne peut consentir ni même délibérer ; elle n'a été délibérée ni consentie par aucune assemblée représentant régulièrement la nation, car l'immense majorité ne peut s'exclure ; elle a donc été illégalement imposée, et elle est illégalement maintenue, ce qui fait un mensonge du prétendu régime constitutionnel sous l'empire duquel nous vivons.

Une loi d'exclusion ne peut être rendue que comme pénalité ; or, nous ne voulons pas être toujous traités comme des bandits.

Voilà sur quoi doivent se porter vos réflexions, M. le Ministre ; et celles du cabinet du premier mars, s'il veut rallier les suffrages et les opinions, car il est impossible que ce pitoyable ordre de choses qui nous régit puisse se maintenir dans l'état où les cabinets précédents l'ont amené. Cet ordre de choses est à la vérité une des conséquences nécessaires des détestables institutions de Bonaparte, ou de la division des intérêts et de l'inégalité des droits dans lesquels cet habile législateur nous avait replongé ; et dont vous devez nous faire sortir aux acclamations de la France, comme au 4 août de la constituante.

La réforme électorale est une des conséquences nécessaires du principe général et absolu sans lesquelles l'immense majorité de la nation ne peut avoir lieu d'être contente de son sort ; or, là où l'immense majorité d'une nation n'a pas lieu d'être contente de son sort, il ne peut y avoir ni stabilité, ni sécurité, ni justice.

Une chambre des députés qui se respectera et qui voudra représenter la nation, ne pourra donc pas désormais se résoudre à recevoir un ministère qui ne se présentera pas à elle avec le principe général et absolu de toute association politique légitime; ce n'est que par là que cette assemblée peut avoir quelque espoir et quelque garantie que le ministère cherchera à mettre en action les conséquences nécessaires de ce principe dont la réforme électorale est l'une des plus importantes.

Soyez donc assurés, Messieurs, qu'il y a ignorance, impéritie, inertie, ou malice chez ceux qui refusent la réforme électorale qu'ils n'ont pas le droit de refuser, car ils se mettent par là en révolte ouverte contre les droits de l'immense majorité, et donnent l'exemple des résistances les plus impies.

Voilà, M. le Ministre, ce que je crois avoir solidement établi dans mes mémoires à M. le ministre de l'instruction publique comme dans ma pétition dans lesquels je me tiens pour assuré que je suis dans la vérité et la nécessité des choses que j'ai toujours poursuivies dans les sciences morales et politiques comme dans les sciences physiques.

Vous devez conclure de ce qui précède, que je ne suis pas un de ces publicistes qui définissent la politique en l'appelant une science de circonstance dans laquelle il faut être le plus fort et le plus rusé ou le plus adroit pour être le plus fort, ou même le plus juste; quand cela peut nous conduire à être le plus fort; mais que je suis de ceux qui la considèrent comme une science régulière, laquelle, partant d'un principe d'évidence axiomatique, n'en déduit que des conséquences légitimes, et ne permet pas que l'on en déduise des conséquences antilogiques à la manière de nos Bonaparte, ou de ceux qui nous donnent la division des interêts avec une oligarchie patricienne et financière, au lieu de l'unité d'intérêt et de l'é-

galité des droits , toujours promises par tous nos syco-
phantes politiques avec une amère dérision et jamais mise
en action si ce n'est à la manière de Bonaparte.

Ils ont pris les plus tendres soins des intérêts oligarchi-
ques, parce qu'ils n'ont pas conçu les voies et moyens de
les concilier avec l'intérêt général ; il nous ont donné la
division des intérêts comme l'une des conséquences du
régime constitutionnel qui ne peut vivre que par l'unité
d'intérêt.

Dans mon système, il faut toujours être le plus juste et
le plus sage ou le plus conséquent avec le principe général
et absolu, et l'on est assuré de devenir le plus fort parce
que tout le monde a un égal intérêt au bien général et à
la justice envers tous.

Veuillez bien considérer, Monsieur le Ministre, que
vous êtes en présence de ces deux systèmes, et que vous
n'êtes pas libre de choisir ; car il importe au bien général
et à la justice envers tous, que le dernier soit proclamé.

Vous auriez d'ailleurs beau vouloir rejeter ce principe,
si habilement mis de côté par nos grands ministres depuis
1831, il est uniformément admis par tous les libéraux,
ou par tous les esprits droits et éclairés, par tous les
cœurs généreux de toutes les nations du continent d'Eu-
rope ; il ne lui manque que d'être soutenu par les associa-
tions pour la suppression de l'esclavage.

Veuillez bien considérer un instant avec moi, M. le
Ministre, quels sont les effet directs, immédiats et nécessaires de ces deux systèmes.

Le premier prend les choses telles qu'elles sont, et les
maintient au gré des vues et des intérêts personnels des
gens du pouvoir; il s'inquiète peu du bien général et de la
justice envers tous; la morale n'est pour lui qu'une chose
très-secondaire , il lui suffit d'avoir l'air de s'en occuper;
pourvu que les alentours du pouvoir soient gorgés de

richesse, heureux et contents, peu leur importe l'augmentation de l'impôt, pourvu que cela n'aille pas jusqu'à pousser les peuples à la révolte. Voilà la politique pratique que proclament les conservateurs; elle accueille la division des intérêts et l'inégalité des droits, peu lui importe ; elle met en action tous les vices et les penchants anti-sociaux, peu lui importe encore.

Le second, en prenant les choses telles qu'elles sont, s'occupe de les rendre telles qu'elles doivent être ; s'il les trouve basées sur la division des intérêts et l'inégalité des droits, il recherche à les fonder sur l'unité d'intérêt et sur l'égalité des droits. Ceux qui adoptent avec moi qu'il ne peut y avoir d'association parmi les hommes que pour, par ou en vertu d'un but ou d'un intérêt commun ; que le premier but, le premier intérêt commun de toute association politique légitime, est et ne peut être que le bien général et la justice envers tous, reconnaissent qu'en mettant en action ce principe général et absolu, on développe tous les sentimens bons et généreux du cœur humain ; tandis que la politique, suivant la définition de Machiavel, ou fondée sur la division des intérêts, *divide ut imperes*, la ruse et la force, met en action tous les sentimens hostiles, toutes les passions cupides et envieuses du cœur humain, les troubles de toute espèce, comme nous les éprouvons depuis que les institutions de Bonaparte sont en action parmi nous.

L'un signale un but devant lequel il faut que tous les intérêts privés fléchissent ; l'autre donne carrière aux vues personnelles de quelques-uns, les plus adroits, les plus méchants et les plus forts.

Dans mon système, on reconnait avec les anciens que la justice est moins une vertu qu'une nécessité, tandis qu'elle reste en quelque sorte facultative dans le système de nos adversaires, et qu'elle ne leur est bonne que quand elle leur offre un moyen de devenir les plus forts.

Ces différences conduisent les uns à l'état normal de l'as
sociation politique, en mettant en action nos vertus et nos
qualités sociales au lieu et place de nos vices et de nos
penchans anti-sociaux qui accompagnent votre politique
pratique et vos tours de force, de ruse et d'adresse, pour
maintenir dans l'oppression l'immense majorité des nations
comme nos précédens ministères se sont appliqués à le faire.

Ils se sont appliqués avec les formes légales à faire pré-
dominer les vues et les intérêts personnels de quelques-uns,
et ils ont conspiré avec succès jusqu'ici contre le bien général et la justice envers tous, en maintenant l'immense
majorité dans l'oppression où Bonaparte l'avait replacée
avec son grand sabre et sa courte raison, mais contre laquelle elle ne peut cesser de réclamer. Que le cabinet
actuel ne se place donc pas dans cette catégorie des igno-
rants et des malveillants, et je lui garantis les plus brillants
succès. Maintenant que ces choses sont mises dans tout
leur jour, ainsi que je crois l'avoir fait tant dans les pièces
citées que dans le troisième chapitre de mon livre, *De la
nécessité et de l'expérience* (1), considérées comme cri-
terium de la vérité.

Que si le ministère éprouvait la moindre résistance de
la part d'une assemblée qui repousserait ces vérités, la
dissolution est là pour immédiatement faire justice d'une
assemblée élue sous d'assez fâcheux auspices pour qu'elle
ne se rallie pas à l'étendard du bien général et de la justice envers tous, que vous aurez fait apparaître parmi
nous (2), et cette fois la dissolution serait accueillie par

---

(1) Chez Roret, libraire, rue Haute-Feuille, n° 10, à Paris; à
Lons-le-Saunier, chez Escalle.

(2) Il aurait été à désirer que cet étendard eut été levé *avant* la
question des fonds secrets.

tout ce qu'il y a de libéraux en France, lesquels se sont montrés fort indifférents aux dissolutions précédentes dont ils ont néanmoins profité pour envoyer dans cette dernière assemblée quelques libéraux de plus qui viennent de se montrer assez fidèles à leur mandat, c'est pourquoi nous pouvons espérer qu'ils se montreront empressés à proclamer notre principe absolu.

Le langage de ces dissolutions qui, malgré l'esprit oligarchique qui a présidé aux réélections, envoient cependant toujours quelques libéraux de plus à la chambre, devrait avertir nos ministres conspirateurs contre l'immense majorité, qu'ils ne peuvent rencontrer la stabilité que dans les erremeuts de cette opinion libérale qui les poursuit comme le remords poursuit l'injustice.

Nous touchons à une époque où il sera honteux pour les gouvernements de vouloir régir les nations dans le sens des intérêts et des vues personnelles de quelques-uns. C'est à la France qu'il appartient de donner l'exemple d'un gouvernement suivant la logique; et si vous le donnez, Messieurs, votre gloire est assurée.

En proclamant notre principe général et absolu, en poursuivant ses conséquences, vous êtes assurés de parvenir à ses fins; car avec un but fixe en législation, on est sûr de ne pas s'égarer...

Soyez bien assurés d'ailleurs, Messieurs, que la chambre, pour peu qu'elle se respecte, ne peut pas recevoir long-temps des ministres qui ne se présenteront pas à elle avec la réforme électorale; elle importe trop à l'immense majorité dont nos députés doivent défendre les intérêts, pour qu'ils ne refusent pas bientôt d'admettre tout nouveau ministère qui suivrait les erremeuts des précédents, et trahirait encore le prince et la nation, la logique et les intérêts généraux.

Voilà, M. le Ministre, ce que j'ai cru devoir vous ex-

poser dans l'intérêt de la justice et de la vérité comme
dans celui du ministère actuel et du prince dont les véri-
tables intérêts sont identiques avec ceux de l'immense
majorité et que l'on trahit toutes les fois qu'on l'isole de
ces intérêts pour des dotations et de prétendus intérêts
dynastiques, distincts de ceux de l'immense majorité.
Veuillez donc rester fidèle à tout prix à notre principe
général et absolu ainsi qu'à ses conséquences directes ,
immédiates et nécessaires que vous ne pouvez proclamer
trop haut si vous voulez stabilité, sécurité et justice.

Séparez-vous avec éclat de cette politique impertinente
et brouillonne du plus rusé et du plus fort, qui serait un
fâcheux acte de foi pour le nouveau ministère.

Si vous vous ralliez sincèrement à notre principe général et absolu, vous rallierez tous les esprits comme vous
le désirez; car ils appartiennent tous en France à cette
politique du plus juste et du plus vrai, mais non à cette
politique de Machiavel qui n'a jamais eu pour elle en
France que les bons et forts esprits de nos ministères
précédents aussi habiles que Bonaparte dont ils ont si cou-
rageusement continué le bel œuvre au lieu de s'attacher à
la justice et à la vérité, comme votre intérêt et celui de la
France, non moins que celui du prince vous y convient.
Que la malheureuse expérience que nous avons faite jusqu'ici des institutions de Bonaparte ou d'une oligarchie
patricienne et financière substituée à l'égalité des droits
de l'assemblée constituante, nous rende plus sages. On
n'a jamais su mettre en action jusqu'ici cette égalité des
droits que par les plus coupables excès , tandis qu'elle
peut être mise en action avec toutes nos vertus et nos
qualités sociales par les moyens que je me trouve heureux d'avoir indiqués, en observant que c'était une prime
que l'état accordait à la vertu en attachant les droits de
cité à la plus petite propriété rurale (mais avec plus de

réserve à la propriété industrielle ou de ville, j'en ai dit les raisons). Car, dans l'état actuel des choses parmi nous, la petite propriété rurale ne peut ni s'acquérir ni se conserver que par l'amour de l'ordre, du travail, la tempérance, le respect et la pratique de la religion, du serment et des conventions qui sont les vertus qui constituent le citoyen et qu'il faut mettre en action, au lieu et place de l'orgueil, de l'avarice et de toutes les passions cupides et envieuses qui nous tourmentent et nous corrompent par l'effet nécessaire des belles institutions de Bonaparte, si bien accueillies par la restauration et par nos habiles ministres depuis 1831. C'est par là que vous ferez pénétrer la vie politique jusque dans le moindre hameau. Les campagnes seront contentes de leur sort lorsqu'elles se verront comptées et pesées pour autre chose que pour l'impôt, les fatigues et les dangers de la milice sans ses honneurs et ses avantages trop ouvertement réservés à l'oligarchisme.

Veuillez bien faire part de ces observations à votre cabinet, en ajoutant qu'il serait absurde de vouloir gouverner par des tours de force et d'équilibre lorsqu'on peut suivre la grande route du droit et du devoir. Ne compromettez plus le prince et ne faites plus rougir la nation de ses ministres... Car c'est une pitié que de vouloir maintenir des institutions comme celles qui nous régissent...

C'est une dérision de parler de l'égalité des droits lorsqu'on maintient la division des intérêts, etc.; et les étrangers qui s'entendent un peu en législation doivent se moquer beaucoup de nous lorsqu'ils voient que nous croyons être dans un régime constitutionnel, tandis que nous sommes régis par des institutions qui constituent l'inégalité des droits... Lorsque je vois nos plus beaux esprits attribuer nos dissentiments politiques au *quoique* ou au *parce que*, à la prérogative de la couronne ou de la chambre, comme dans la discussion des fonds secrets ; et nos conservateurs vouloir conserver la division des intérêts, ou le trouble et le désordre en permanence, je ne puis m'empêcher de sourire de pitié. Que la chambre et la couronne se réunissent pour proclamer notre principe général et absolu, la réforme électorale, et nous verrons quelle explosion de joie retentira par toute la France ; nous verrons si elle n'égale ou ne surpasse pas celle qui se fit entendre après le 4 août.

Agréez, M. le ministre, l'assurance des vœux sincères que je forme pour le succès de vos travaux dirigés dans ce sens.

MASUYER ,

Professeur honoraire de la faculté de médecine
de Strasbourg.

L'Etoile, près Lons-le-Saunier, le 28 mars 1840.

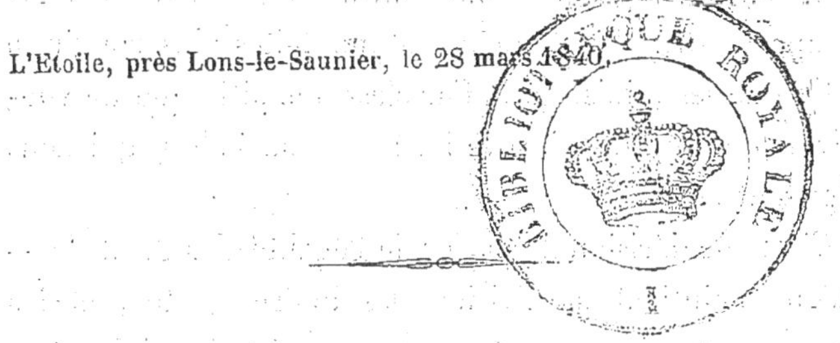

Cette lettre a été insérée dans le *Patriote jurassien* du 4 avril 1840.

Lons-le-Saunier, Imp. de COURBET.